AF222247

Impressum
Verlag: BABADADA GmbH, Nedderfeld 112 , 22529 Hamburg
Geschäftsführer / Verlagsleitung: Harald Hof
Druck: Books on Demand GmbH, In de Tarpen 42, 22848 Norderstedt

Imprint
Publisher: BABADADA GmbH, Nedderfeld 112 , 22529 Hamburg, Germany
Managing Director / Publishing direction: Harald Hof
Print: Books on Demand GmbH, In de Tarpen 42, 22848 Norderstedt

lekol
school

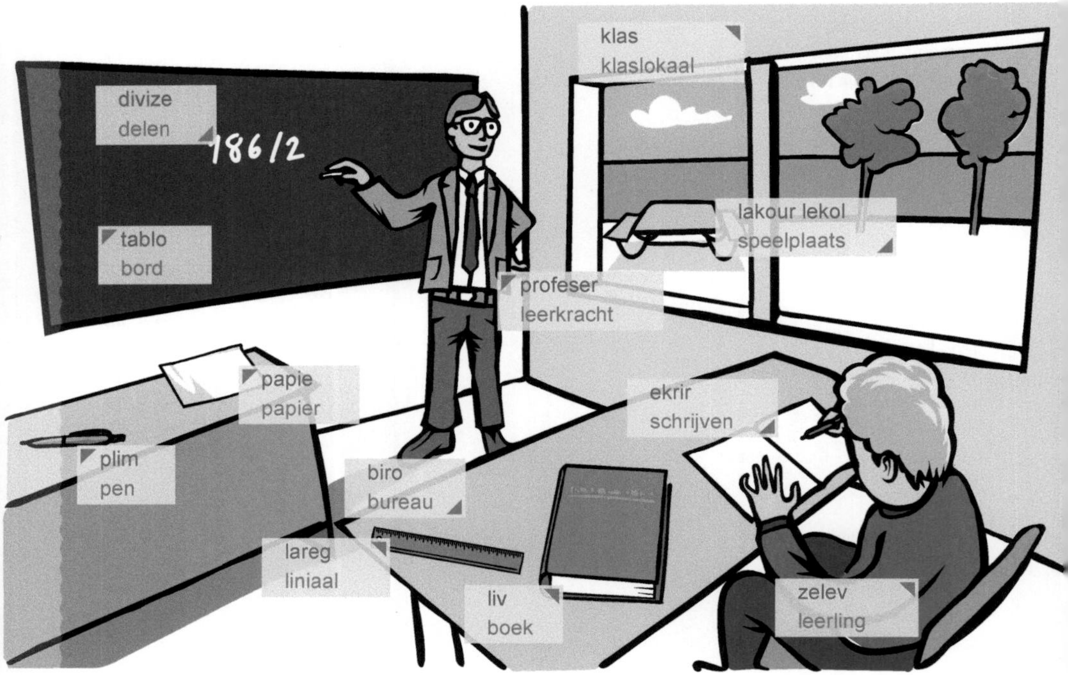
klas
klaslokaal
divize
delen
186/2
tablo
bord
lakour lekol
speelplaats
profeser
leerkracht
papie
papier
ekrir
schrijven
plim
pen
biro
bureau
lareg
liniaal
liv
boek
zelev
leerling

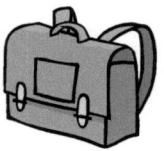

sak lekol

schooltas

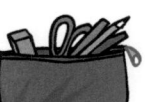

plimie

pennenzak

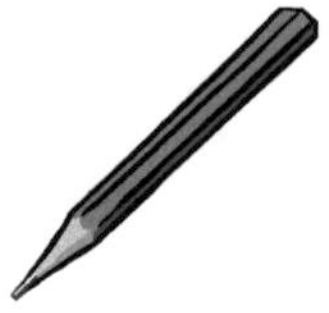

kreyon

potlood

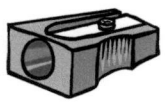

egizwar

puntenslijper

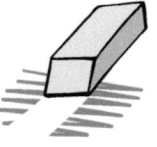

gom

gom

kaye desin

tekenblok

desin
tekening

pinso
verfborstel

bwat lapintir
verfdoos

sizo
schaar

lakol
lijm

kaye devwar
werkboek

devwar
huiswerk

nimero
nummer

azoute
optellen

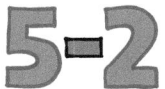

retire
aftrekken

miltipliye
vermenigvuldigen

kalkile
rekenen

let
letter

alfabet
alfabet

mo
woord

text
tekst

lir
Lezen

lakre
krijt

leson
les

rezis
klassenboek

lexame
examen

sertifika
certificaat

iniform lekol
schooluniform

ledikasion
onderwijs

lansiklopedi
encyclopedie

liniversite
universiteit

mikroskop
microscoop

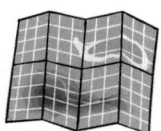

map
kaart

poubel
papiermand

vwayaz
reis

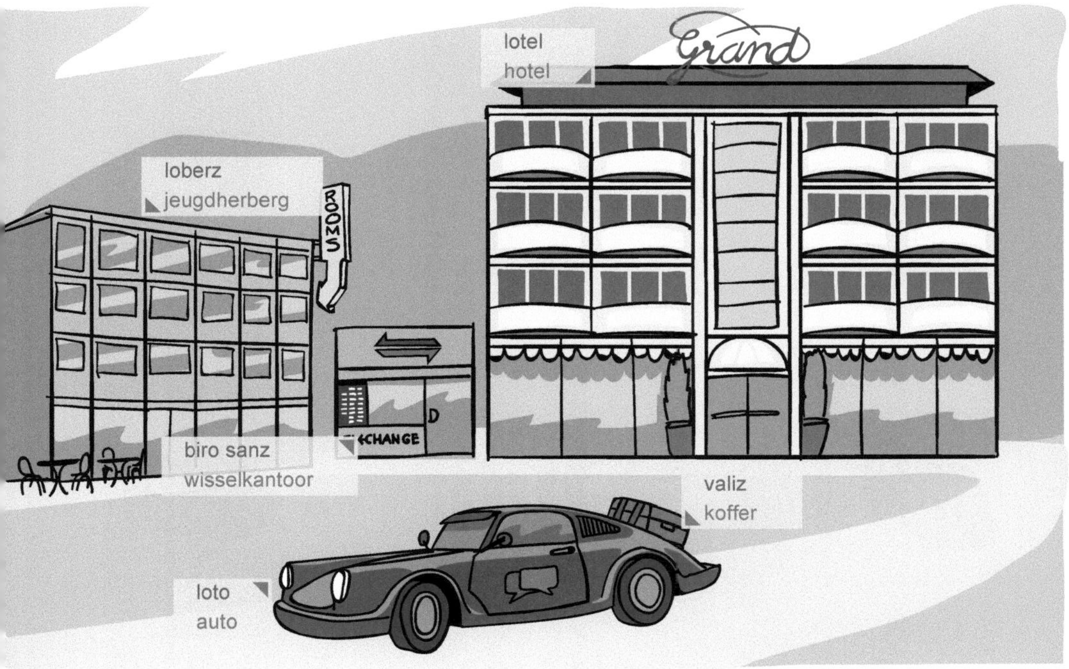

lotel
hotel
Grand
loberz
jeugdherberg
ROOMS
biro sanz
wisselkantoor
EXCHANGE
valiz
koffer
loto
auto

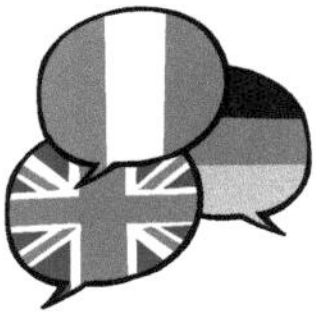

langaz

Taal

wi / non

ja / nee

okay

oké

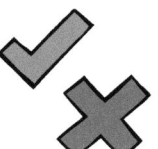

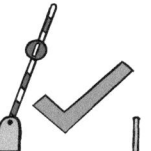

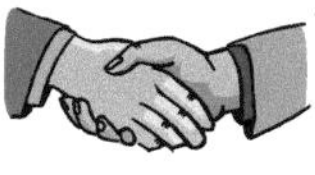

Alo

hallo

tradikter

vertaler

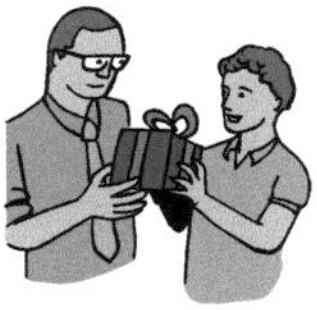

Mersi

bedankt

komie sa..?

Hoeveel kost …?

Mo pa pe konpran

Ik begrijp het niet

problem

probleem

Bonswar!

Goedenavond!

Bonzour!

Goedemorgen!

Bonn nwi!

Goedenavond!

o-revwar

Tot ziens

direksion

richting

bagaz

bagage

sak

zak

sak-a-do

rugzak

ot

gast

pies

kamer

sak kousaz

slaapzak

latant

tent

lofis tourism

toeristeninformatie

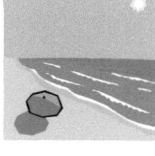

laplaz

strand

kart kredi

kredietkaart

ti-dezene

ontbijt

dezene

lunch

dine

avondeten

biye

ticket

lasanser

lift

tem

postzegel

frontier

grens

ladwann

douane

lanbasad

ambassade

viza

visum

paspor

paspoort

transpor
transport

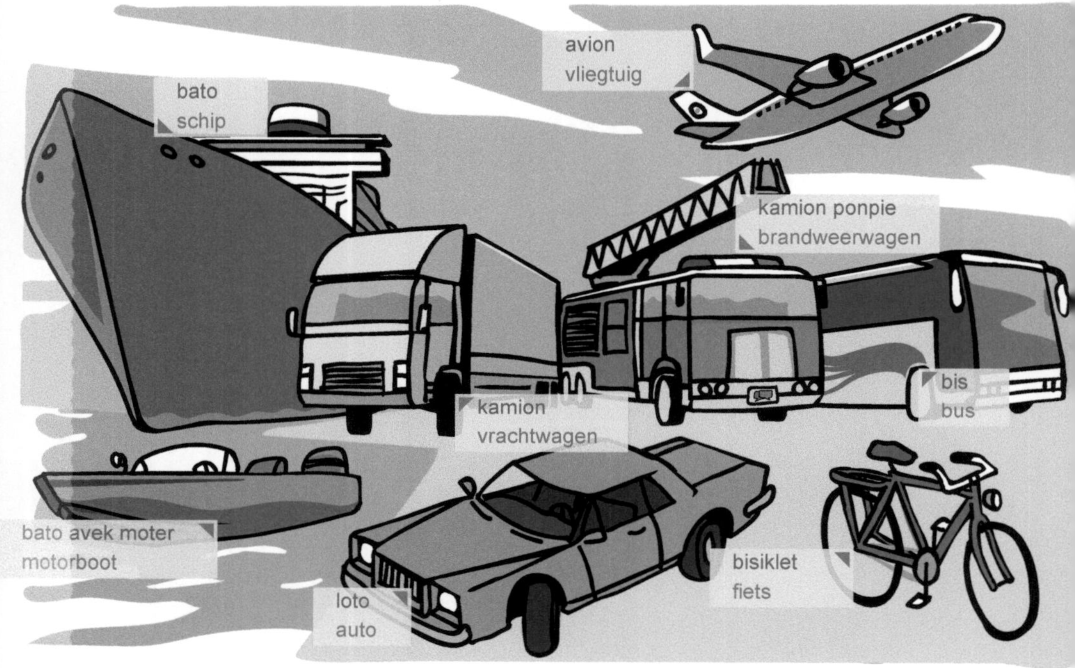
avion
vliegtuig
bato
schip
kamion ponpie
brandweerwagen
bis
bus
kamion
vrachtwagen
bato avek moter
motorboot
bisiklet
fiets
loto
auto

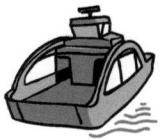

feri

veerboot

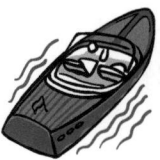

bato

boot

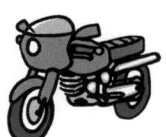

motosiklet

motor

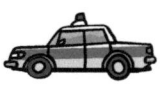

loto lapolis

politiewagen

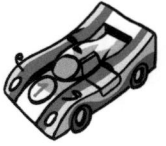

loto lekours

racewagen

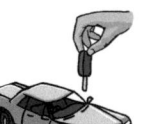

loto lokasion

huurauto

ko-vwatiraz
carpoolen

kamion towing
sleepwagen

kamion salte
vuilniswagen

moter
motor

lesans
benzine

filing
benzinestation

pano indikasion
verkeersbord

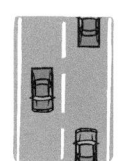

trafik
verkeer

anbouteyaz
file

parking
parkeerplaats

stasion trin
station

ray
sporen

trin
trein

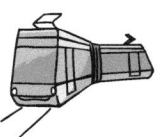

tram
tram

vagon
wagon

elikopter

helikopter

aeropor

luchthaven

towing

toren

pasaze

passagier

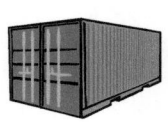

kontener

container

karton

karton

sario

kar

panie

mand

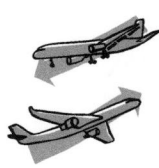

dekole / aterir

opstijgen / landen

lavil

stad

vilaz

dorp

sant-vil

stadscentrum

lakaz

huis

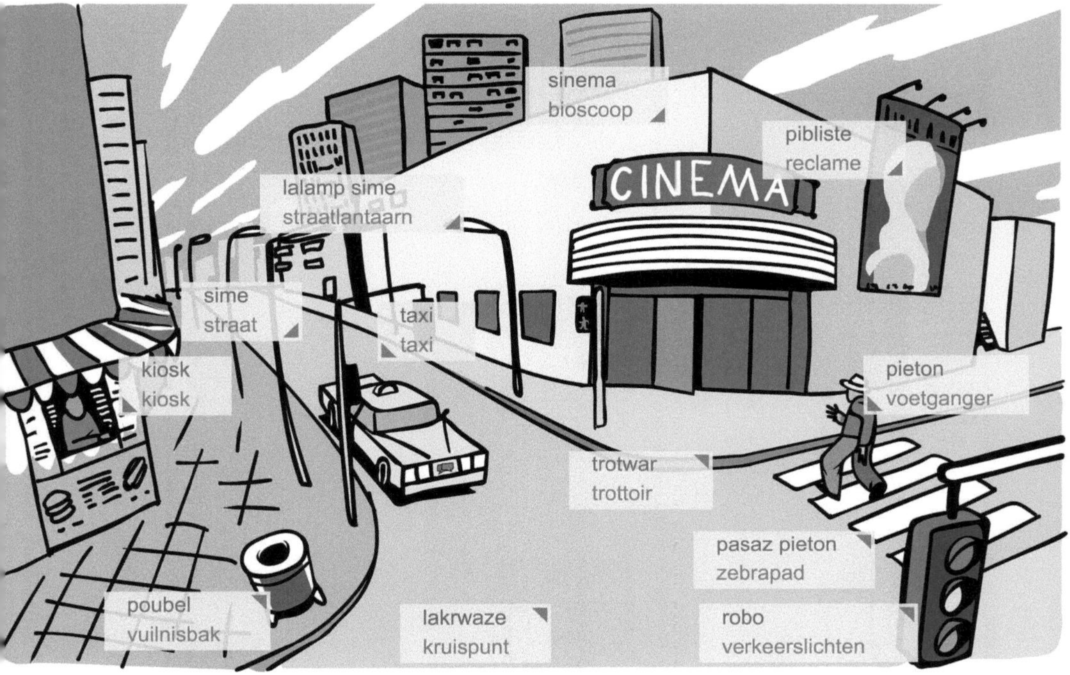

sinema
bioscoop

pibliste
reclame

lalamp sime
straatlantaarn

CINEMA

sime
straat

taxi
taxi

kiosk
kiosk

pieton
voetganger

trotwar
trottoir

pasaz pieton
zebrapad

poubel
vuilnisbak

lakrwaze
kruispunt

robo
verkeerslichten

kabann
....
hut

flat
....
woning

stasion trin
....
station

minisipalite
....
stadshuis

mize
....
museum

lekol
....
school

liniversite

universiteit

labank

bank

lopital

ziekenhuis

lotel

hotel

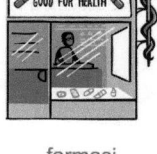

farmasi

apotheek

biro

kantoor

libreri

boekwinkel

magazin

winkel

fleris

bloemenwinkel

sipermarse

supermarkt

bazar

markt

gran magazin

warenhuis

pwasonnri

vishandelaar

sant komersial

winkelcentrum

lepor

haven

park
park

labank
bank

pon
brug

leskalie
trap

metro
metro

tinel
tunnel

bistop
bushalte

bar
bar

restoran
restaurant

bwat-a-let
brievenbus

pano
straatnaambord

parkmet
parkeermeter

zoo
zoo

pisinn
zwembad

moske
moskee

laferm

boerderij

polision

milieuverontreiniging

simitier

kerkhof

legliz

kerk

lespas pou zwe

speelplaats

tanp

tempel

peizaz
landschap

fey
blad

pano indikasion
wegwijzer

sime
weg

preri
weide

randonner
wandelaar

ros
steen

pie
boom

larivier
rivier

lerb
gras

fler
bloem

lavale

vallei

kolinn

heuvel

lak

meer

bwa

bos

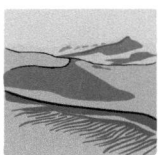

dezer

woestijn

volkan

vulkaan

sato

kasteel

larkansiel

regenboog

sanpinion

paddenstoel

palmie

palmboom

moutik

mug

mous

vlieg

fourmi

mier

abey

bijl

zarenie

spin

koksinel

kever

grenouy

kikker

ekirey

eekhoorn

erison

egel

lapin

haas

ibou

uil

zwazo

vogel

sign

zwaan

sangliye

wild zwijn

serf

hert

elan

eland

dam

dam

eolienn

windturbine

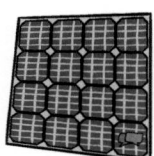

pano soler

zonnepaneel

klima

klimaat

restoran
restaurant

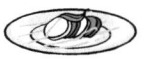

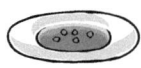

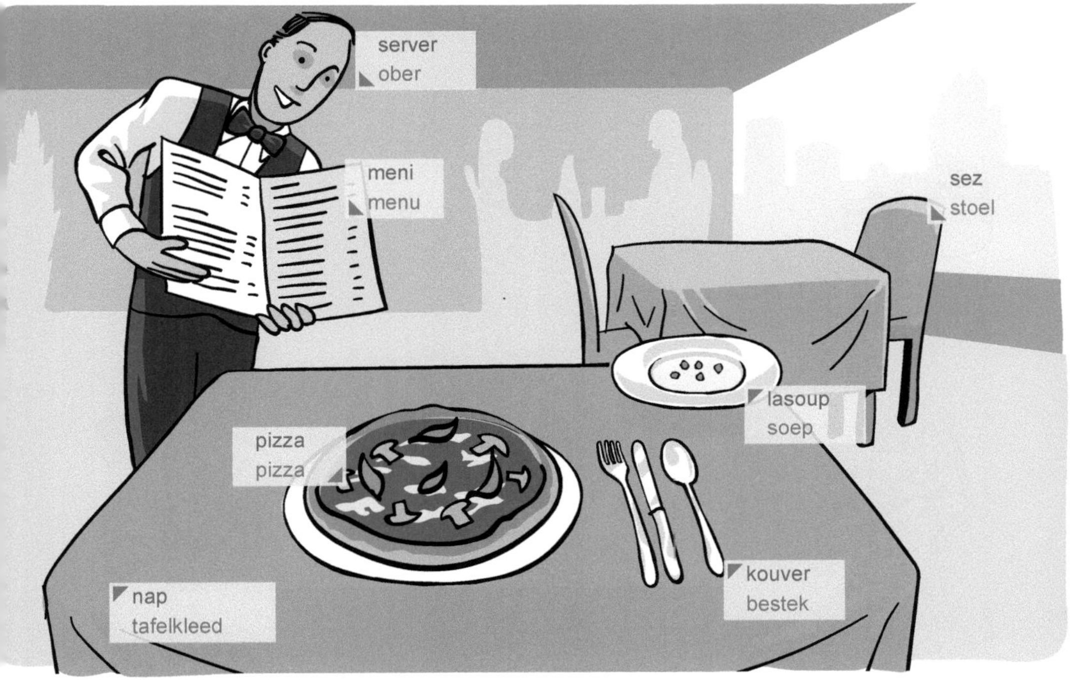
server
ober
meni
menu
sez
stoel
lasoup
soep
pizza
pizza
kouver
bestek
nap
tafelkleed

lantre

voorgerecht

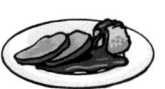

pla prinsipal

hoofdgerecht

deser

nagerecht

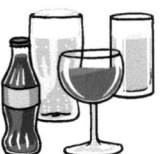

labwason

drankjes

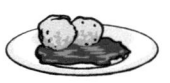

manze

eten

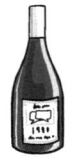

boutey

fles

fast food
fastfood

take-away
street food

teyer
theepot

po disik
suikerpot

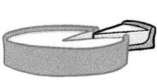

porsion
portie

masinn expresso
espressomachine

sez-ot
kinderstoel

bill
rekening

plato
dienblad

kouto
mes

fourset
vork

kwiyer
lepel

ti-kwiyer
theelepel

serviet
serviette

ver
glas

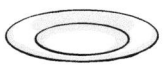

lasiet
bord

lasiet
soepbord

soukoup
schoteltje

lasos
saus

po disel
zoutvatje

moulin dipwav
pepermolen

vineg
azijn

delwil
olie

zepis
kruiden

ketchup
ketchup

lamoutard
mosterd

mayonez
mayonaise

sipermarse

supermarkt

promosion
aanbieding
FOR
klian
klant
prodwi a baz dile
zuivelproducten
frwi
fruit
trole
winkelwagen

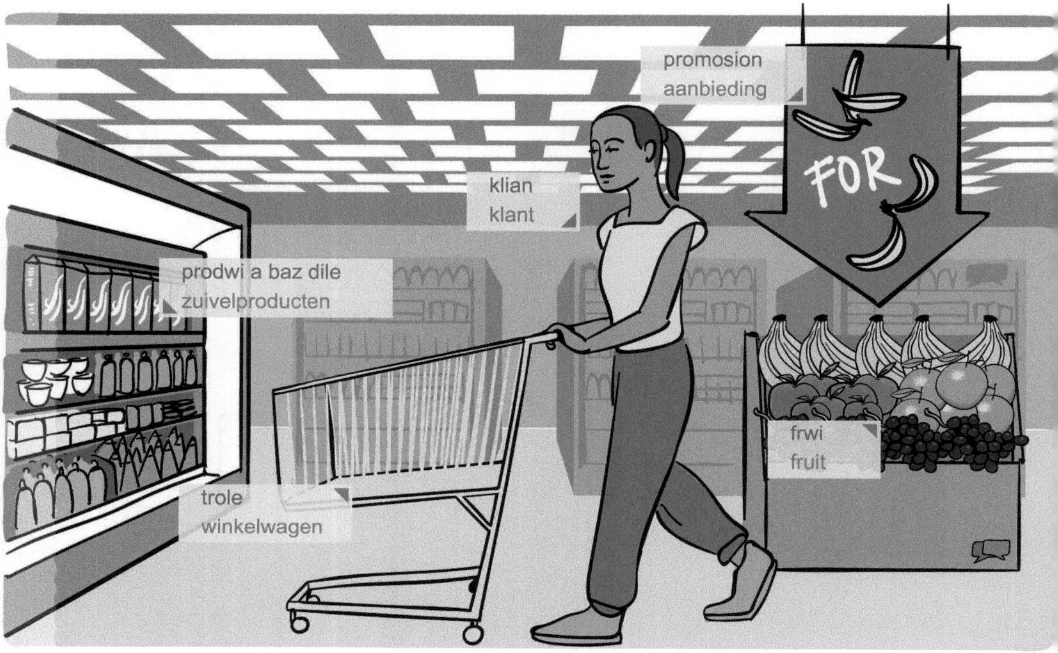

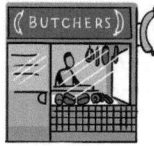

BUTCHERS

bousri
slagerij

BAKERY

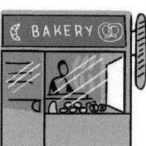

boulanzri
bakkerij

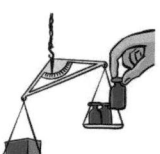

peze
wegen

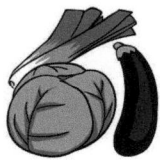

legim
groenten

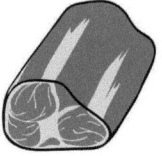

laviann
vlees

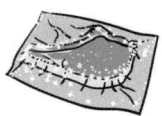

aliman konzele
diepvriesvoedsel

sarkitri

charcuterie

bwat konserv

conserven

lapoud masinn

waspoeder

bonbon

snoep

komision

huishoudproducten

deterzan

schoonmaakproducten

vandez

verkoopster

lakes

kassa

kesie

kassier

lalis komision

boodschappenlijstje

ouvertir

openingstijden

portfey

portefeuille

kart kredi

kredietkaart

sak

tas

sak plastik

plastieken zakje

drankjes

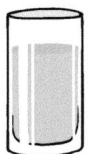

delo

water

zi

sap

dile

melk

coca

cola

divin

wijn

labier

bier

lalkol

alcohol

sokola so

cacao

dite

thee

kafe

koffie

expresso

espresso

cappuccino

cappuccino

banann

banaan

pom

appel

zoranz

sinaasappel

melon

meloen

sitron

citroen

karot

wortel

lay

knoflook

banbou

bamboe

zwayon

ajuin

sanpiyon

champignon

nwazet

noten

minn

noodles

spageti
....
spaghetti

diri
....
rijst

salad
....
salade

chips
....
frieten

pomdeter frir
....
gebakken aardappelen

pizza
....
pizza

burger
....
hamburger

sandwich
....
sandwich

eskalop
....
kalfslapje

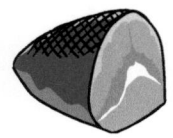

zanbon
....
ham

salami
....
salami

sosis
....
worst

poul
....
kip

roti
....
braden

pwason
....
vis

oatmeal
havervlokken

muesli
muesli

kornbif
cornflakes

lafarinn
bloem

krwasan
croissant

ti-dipin
pistolet

dipin
brood

dipin griye
toast

biskwi
koekjes

diber
boter

fromaz blan
kwark

gato
taart

dizef
ei

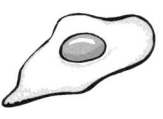

dizef frir
spiegelei

fromaz
kaas

sorbe
....
ijs

disik
....
suiker

dimiel
....
honing

konfitir
....
confituur

nouga
....
choco

kari
....
curry

laferm
boerderij

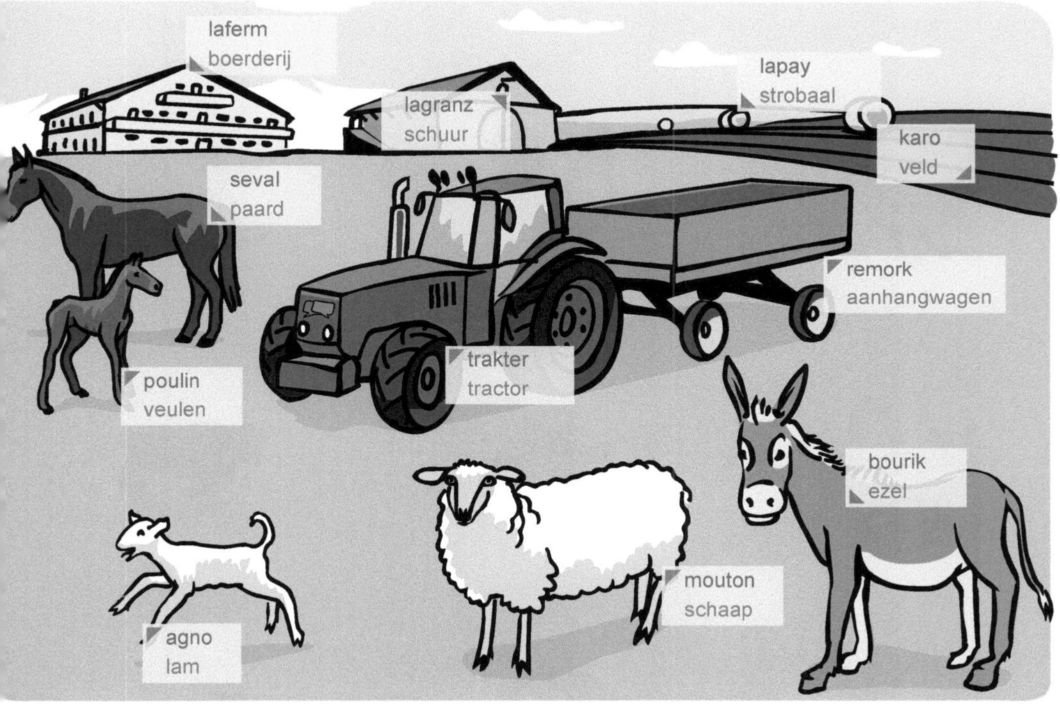
laferm
boerderij
lagranz
schuur
lapay
strobaal
karo
veld
seval
paard
remork
aanhangwagen
trakter
tractor
poulin
veulen
bourik
ezel
mouton
schaap
agno
lam

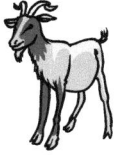

kabri

geit

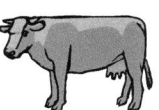

vas

koe

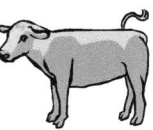

vo

kalf

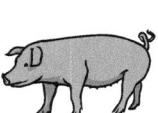

koson

varken

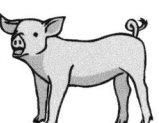

ti-koson

biggetje

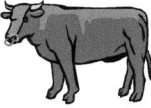

toro

stier

lezwa

gans

kanar

eend

pousin

kuiken

poul

kip

kok

haan

lera

rat

sat

kat

souri

muis

bef

os

lisien

hond

lakaz lisien

hondenhok

tiyo

tuinslang

arozwar

gieter

laserp

zeis

saret

ploeg

fosi
sikkel

pios
schoffel

fours
hooivork

lars
bijl

bouret
kruiwagen

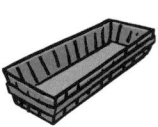

kiv
trog

bwat dile
melkkan

sak
zak

fencing
hek

letab
stal

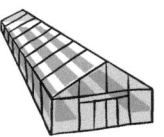

laser
broeikas

later
bodem

lagrin
zaad

langre
mest

masinn pou fer rekolt
maaidorser

rekolte

oogsten

rekolt

oogst

ignam

yam

dible

tarwe

soya

soja

pomdeter

aardappel

may

maïs

colza

koolzaad

zarb frwitie

fruitboom

maniok

maniok

sereal

graan

lakaz
huis

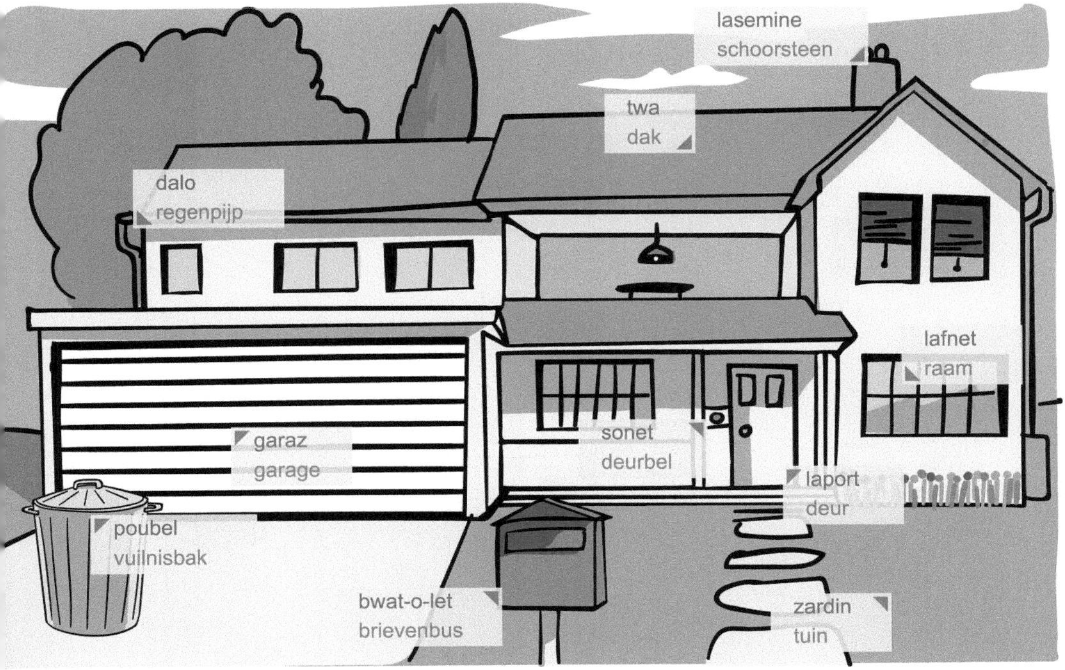

lasemine
schoorsteen
twa
dak
dalo
regenpijp
lafnet
raam
garaz
garage
sonet
deurbel
laport
deur
poubel
vuilnisbak
bwat-o-let
brievenbus
zardin
tuin

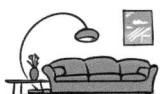

salon
woonkamer

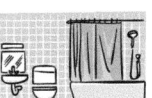

saldebin
badkamer

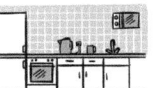

lakwizinn
keuken

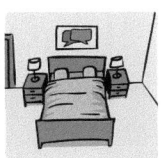

lasam
slaapkamer

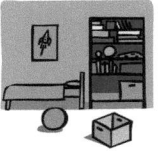

lasam zanfan
kinderkamer

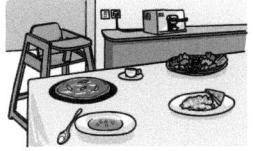

salamanze
eetkamer

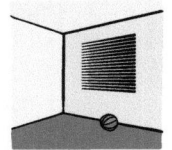

sali

vloer

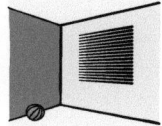

miray

muur

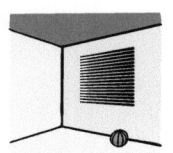

plafon

plafond

lakav

kelder

sona

sauna

balkon

balkon

teras

terras

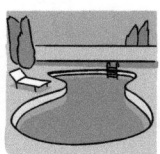

pisinn

zwembad

masinn koup gazon

grasmaaier

dra

dekbedovertrek

kwet

dekbed

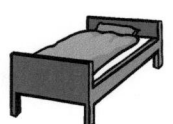

lili

bed

balie

bezem

seo

emmer

take lalimier

schakelaar

salon

woonkamer

papie-pin
behangpapier
foto
foto
lalamp
lamp
letazer
schap
larmwar
kast
televizion
televisie
lasemine
open haard
fler
bloem
kousin
kussen
sofa
sofa
vaz
vaas
rimot-kontrol
afstandsbediening

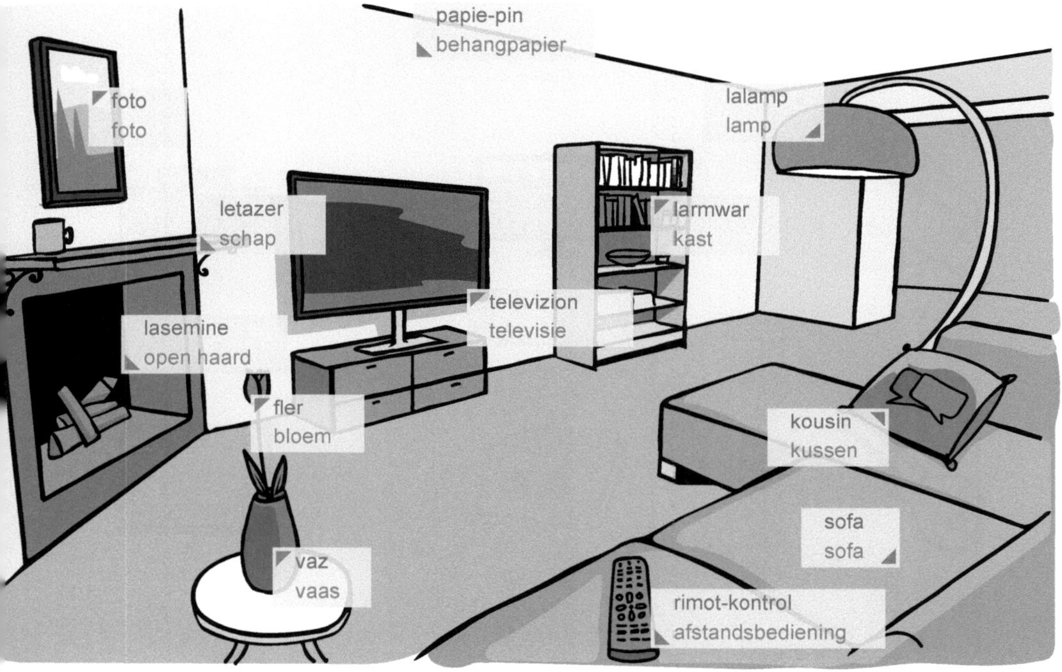

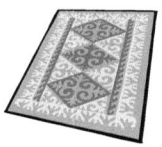

tapi

mat

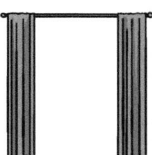

rido

gordijn

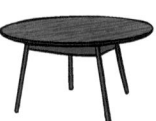

latab

tafel

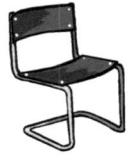

sez

stoel

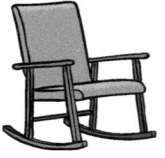

rocking chair

schommelstoel

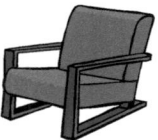

fotey

fauteuil

liv

boek

kouvertir

deken

dekorasion

decoratie

dibwa foye

brandhout

fim

film

hi-fi

stereo-installatie

lakle

sleutel

zournal

krant

lapintir

schilderij

poster

poster

radio

radio

bloknot

notitieboekje

laspirater

stofzuiger

kaktis

cactus

labouzi

kaars

lakwizinn
keuken

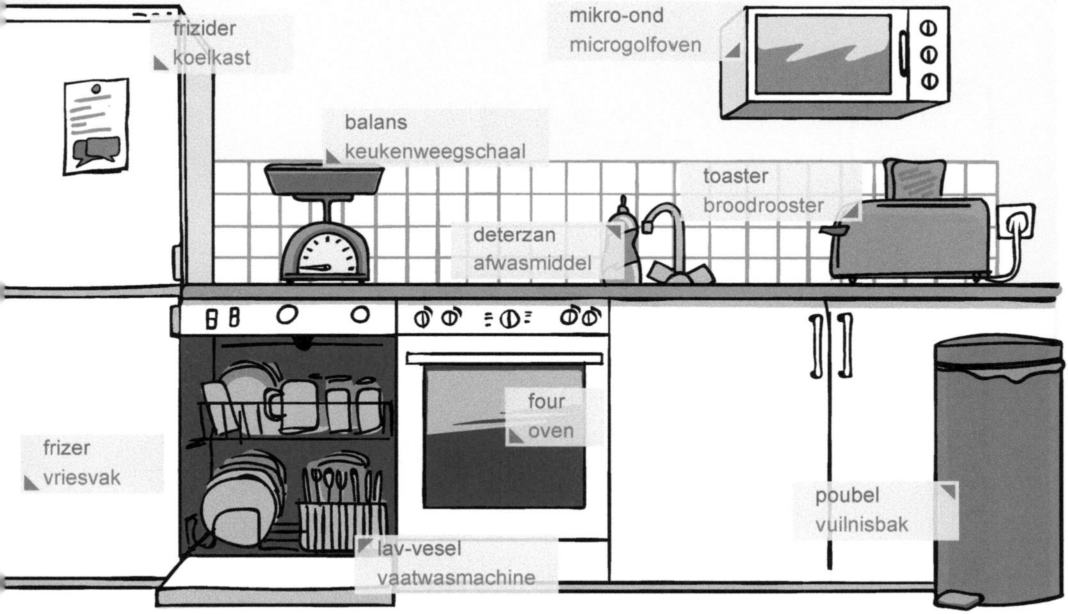

frizider
koelkast
mikro-ond
microgolfoven
balans
keukenweegschaal
toaster
broodrooster
deterzan
afwasmiddel
four
oven
frizer
vriesvak
poubel
vuilnisbak
lav-vesel
vaatwasmachine

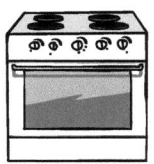

four
fornuis

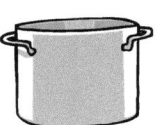

kasrol
pot

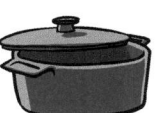

marmit
gietijzeren pot

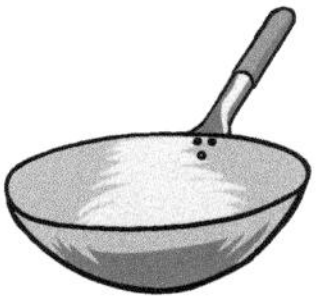

wok
wok / kadai

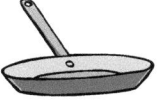

pwal
pan

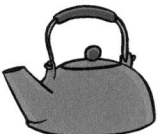

boulwar
waterkoker

steamer

stoomkoker

plak kwison

bakplaat

vesel

servies

goble

mok

bol

kom

baget sinwa

eetstokjes

lous

pollepel

spatil

spatel

fwet

garde

paswar

vergiet

tami

zeef

larap

rasp

mortie

mortier

griyad

barbecue

lasemine

haardvuur

biyo
snijplank

roulo
deegrol

tirbouson
kurkentrekker

bwat konserv
blik

ouvbwat
blikopener

legan proteksion
pannenlap

lavabo
gootsteen

bros
borstel

leponz
spons

blender
blender

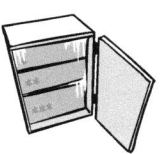

konzelater
vriezer

bibron
papfles

robine
kraan

saldebin
badkamer

sofaz
verwarming
dous
douche
serviet
handdoek
rido dous
douchegordijn
bin mousan
bubbelbad
benwar
badkuip
ver
glas
masinn lave
wasmachine
robine
kraan
karo
tegels
potsam
kinderpo
lavabo
gootsteen

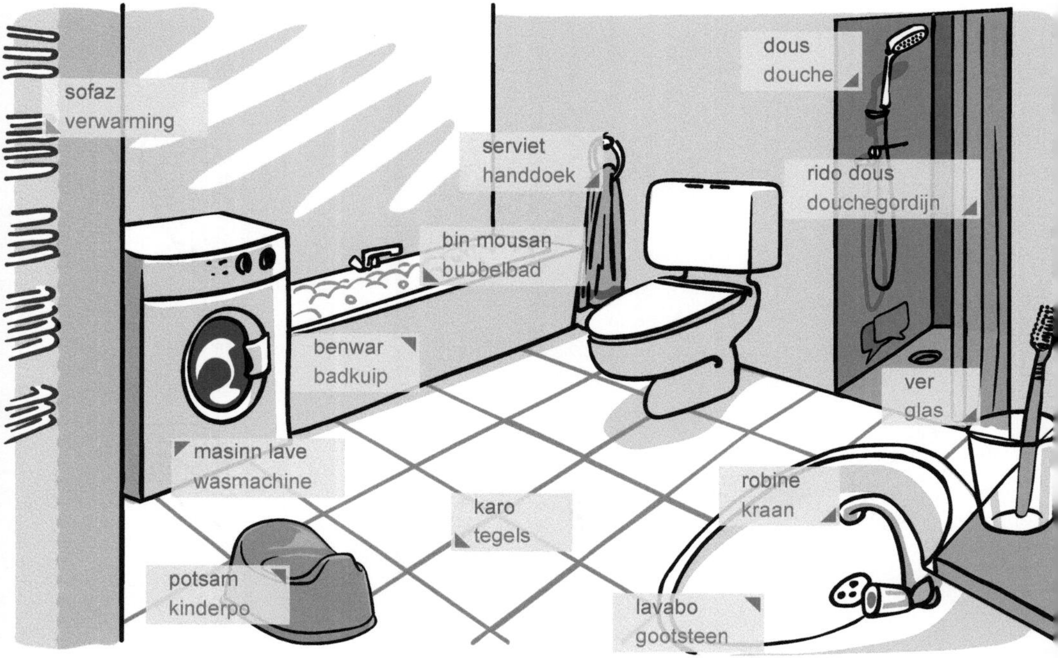

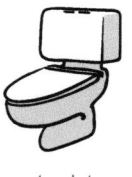

twalet

toilet

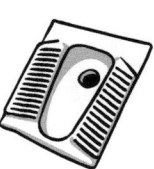

twalet

hurktoilet

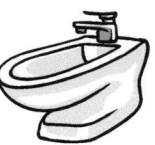

bide

bidet

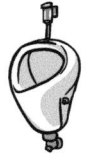

piswar

urinoir

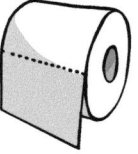

papie twalet

toiletpapier

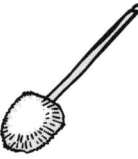

bros twalet

toiletborstel

bros ledan

tandenborstel

dantifris

tandpasta

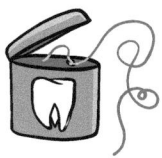

fil danter

flosdraad

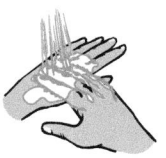

lave

wassen

ti-bin

handdouche

dous

bidethanddouche

basin

waskom

bros ledo

rugborstel

savon

zeep

zel dous

douchegel

sanpwin

shampoo

gandebin

washandje

drin

afvoer

lakrem

crème

deodoran

deodorant

mirwar

spiegel

mirwar

handspiegel

razwar

scheermes

lamous pou raze

scheerschuim

apre-razaz

aftershave

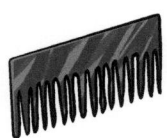

pengn

kam

bros

borstel

seswar

haardroger

lak

haarlak

makiyaz

make-up

dirouz

lippenstift

verni

nagellak

cotton wool

watten

tay-zong

nagelknipper

parfin

parfum

trous twalet
toilettas

stoul
kruk

balans
weegschaal

penwar
badjas

legan netwayaz
latex handschoenen

tanpon
tampon

serviet izienik
maandverband

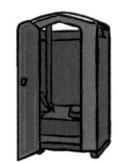

twalet simik
chemisch toilet

lasam zanfan

kinderkamer

revey
wekker
doudou
knuffel
ti loto
speelgoedauto
ose
rammelaar
lakaz zouzou
poppenhuis
kado
geschenk

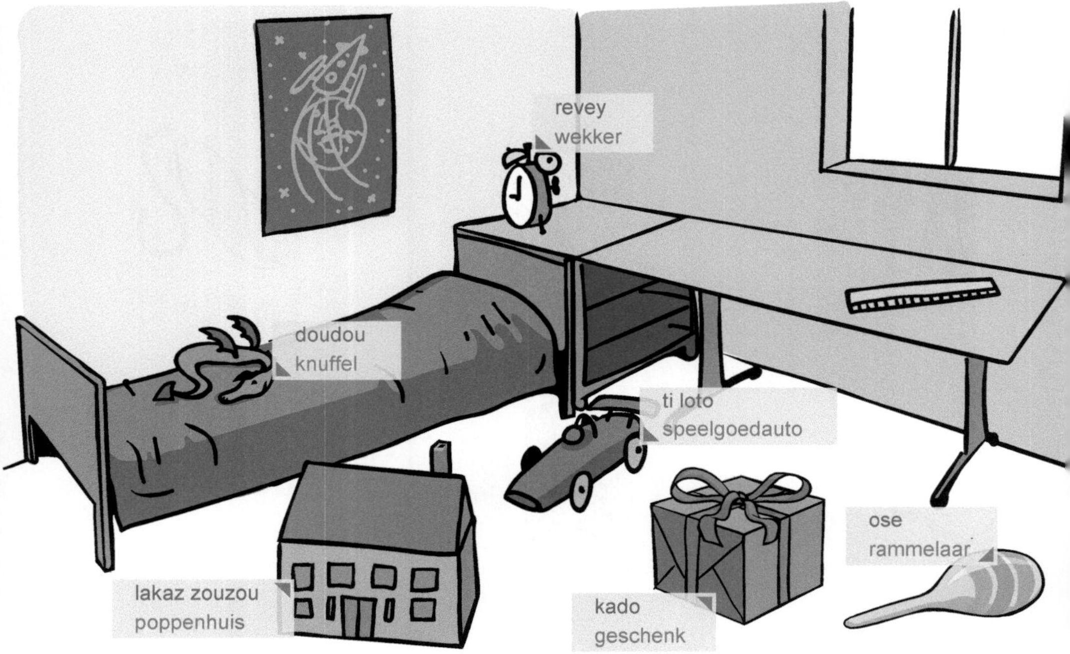

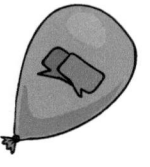

balon

ballon

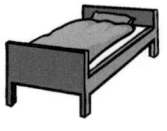

lili

bed

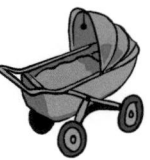

pouset

kinderwagen

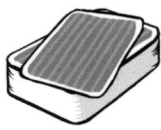

kart

spel kaarten

puzzle

puzzel

SUPER
MEGA

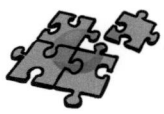

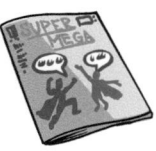

tikomik

stripboek

lego
legoblokjes

lego
blokken

figirinn
actiefiguur

grenouyer
kruippakje

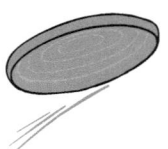

frisbee
frisbee

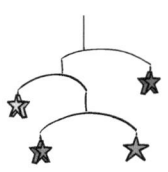

mobil
mobiel

zwe
bordspel

lede
dobbelsteen

trin zouzou
modelspoorweg

siset
fopspeen

fet
feest

liv ek zimaz
prentenboek

boul
bal

poupet
pop

zwe
spelen

bak-a-sab

zandbak

balanswar

schommel

zouzou

speelgoed

game

spelconsole

trisik

driewieler

nounours

knuffelbeer

larmwar

kleerkast

linz
kleding

soset

sokken

leba

kousen

kolan

maillot

esarp
sjaal

sintir
riem

parapli
paraplu

t-shirt
T-shirt

bot
laarzen

pantouf
slippers

tenis
sneakers

sandalet
sandalen

soulie
schoenen

bot an karotsou
rubberlaarzen

souvetman
onderbroek

soutiengorz
beha

vest
onderhemd

body

lichaam

pantalon

broek

jeans

jeans

zip

rok

blouz

blouse

simiz

hemd

pull-over

trui

blouzon ek kapison

capuchontrui

vest

blazer

jaket

jas

manto

jas

pardesi

regenjas

kostim

kostuum

rob

jurk

rob lamarye

trouwjurk

kostim

pak

robdesam

nachthemd

pizama

pyjama

sari

sari

foular

hoofddoek

tirban

tulband

bourka

boerka

kaftan

kaftan

abaya

abaya

mayo de bin

badpak

mayo de bin

zwembroek

sorti de sekour

short

linz spor

trainingspak

tabliye

schort

legan

handschoenen

bouton

knoop

linet

bril

brasle

armband

kolie

ketting

bag

ring

zanon

oorbel

bone

pet

sint

kapstok

sapo

hoed

kravat

das

fermetirekler

rits

elmet

helm

bretel

bretellen

iniform lekol

schooluniform

iniform

uniform

bavwar
slabbetje

siset
fopspeen

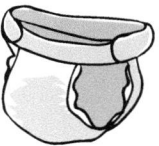

lanz
luier

biro
kantoor

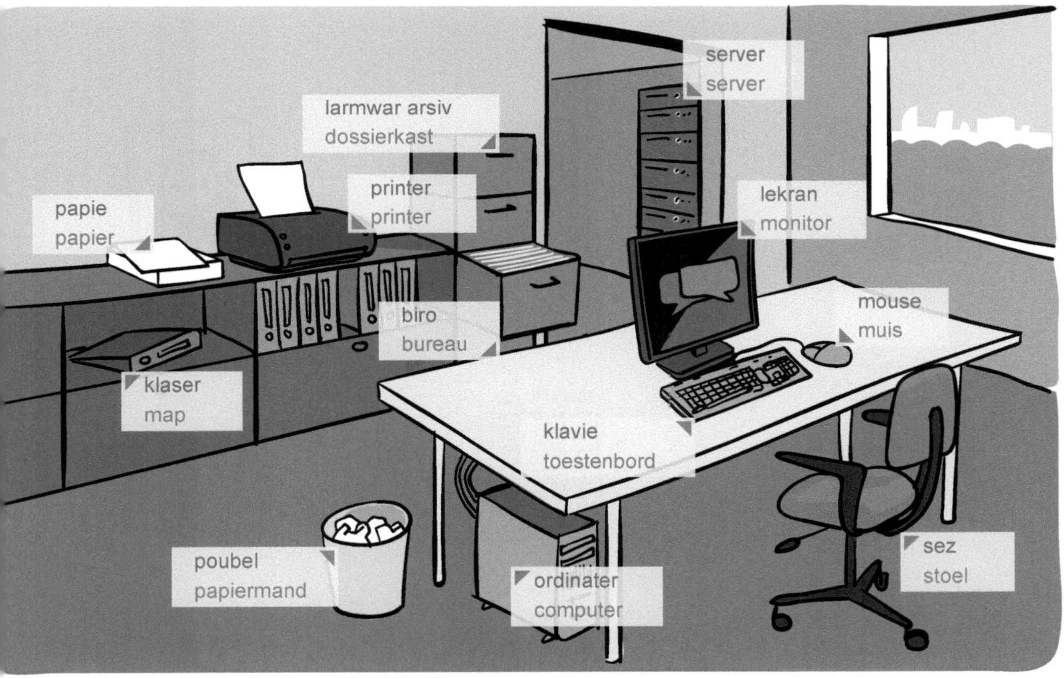

server
server

larmwar arsiv
dossierkast

printer
printer

lekran
monitor

papie
papier

biro
bureau

mouse
muis

klaser
map

klavie
toestenbord

poubel
papiermand

ordinater
computer

sez
stoel

mug
koffiemok

kalkilatris
rekenmachine

internet
internet

laptop

laptop

let

brief

mesaz

bericht

portab

gsm

rezo

netwerk

fotokopi

kopieerapparaat

lozisiel

software

telefonn

telefoon

priz

stopcontact

fax

fax

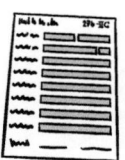

form

formulier

dokiman

document

aste

kopen

peye

betalen

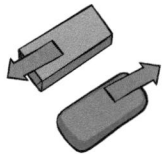

fer biznes

handelen

larzan

geld

USD

dolar

dollar

EUR

euro

euro

JPY

yen

yen

RUB

rouble

roebel

CHF

fran swis

Zwitserse frank

CNY

renminbi yuan

Chinese renminbi

INR

roupi

roepie

distribiter biye

geldautomaat

biro sanz

wisselkantoor

lor

goud

larzan

zilver

petrol

olie

lenerzi

energie

pri

prijs

kontra

contract

tax

belasting

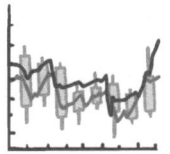

aksion

aandeel

travay

werken

anplwaye

werknemer

anplwayer

werkgever

lizinn

fabriek

magazin

winkel

polisie
politieagent

ponpie
brandweerman

kwizinie
kok

dokter
dokter

pilot
piloot

zardinie

tuinman

sarpantie

timmerman

koutirier

naaister

ziz

rechter

simis

chemicus

akter

acteur

sofer bis

buschauffeur

sofer taxi

taxichauffeur

peser

visser

bonn

schoonmaakster

zouvriye twa lakaz

dakdekker

server

ober

saser

jager

pint

schilder

boulanze

bakker

elektrisien

elektricien

zouvriye

bouwvakker

inzenier

ingenieur

bouse

slager

plonbie

loodgieter

fakter

postbode

solda

soldaat

arsitek

architect

kesie

kassier

fleris

bloemist

kwafez

kapper

chek

conducteur

mekanisien

mecanicien

kapitenn

kapitein

dantis

tandarts

siantis

wetenschapper

rabi

rabbijn

imam

imam

mwann

monnik

pret

geestelijke

zouti

werktuigen

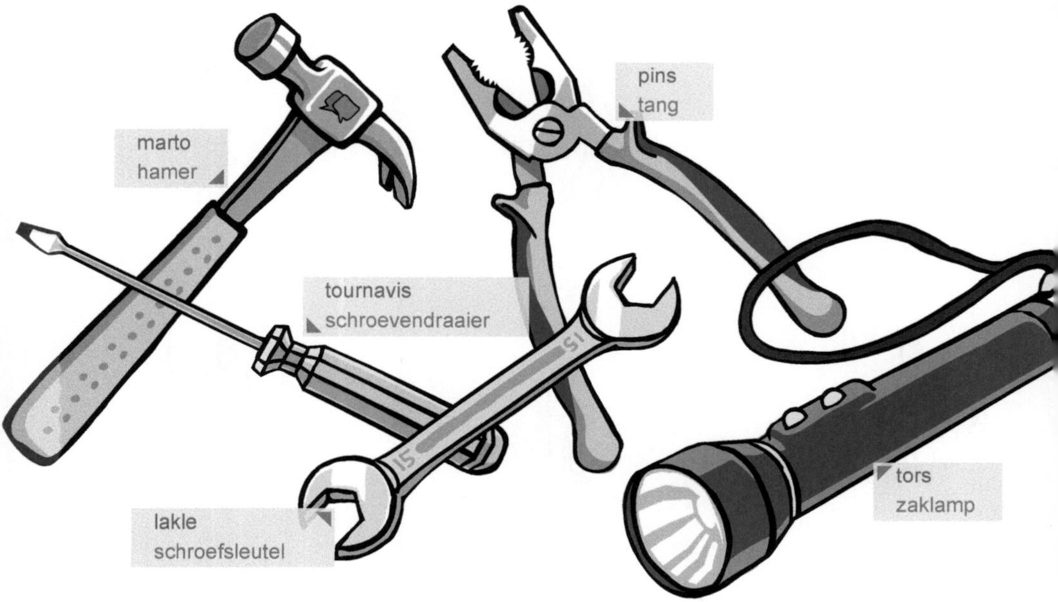
marto
hamer
pins
tang
tournavis
schroevendraaier
lakle
schroefsleutel
tors
zaklamp

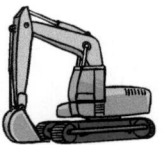

peltez

graafmachine

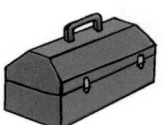

bwat zouti

gereedschapskoffer

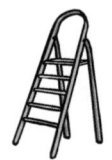

lesel

ladder

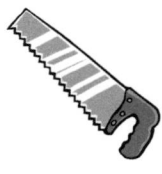

lasi

zaag

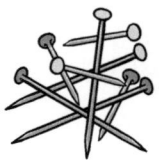

koulou

spijkers

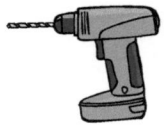

persez

boormachine

aranze
....
repareren

lapel
....
schop

Ayo!
....
Verdomme!

lapel
....
blik

po lapintir
....
verfpot

vis
....
schroeven

instriman lamizik
muziekinstrumenten

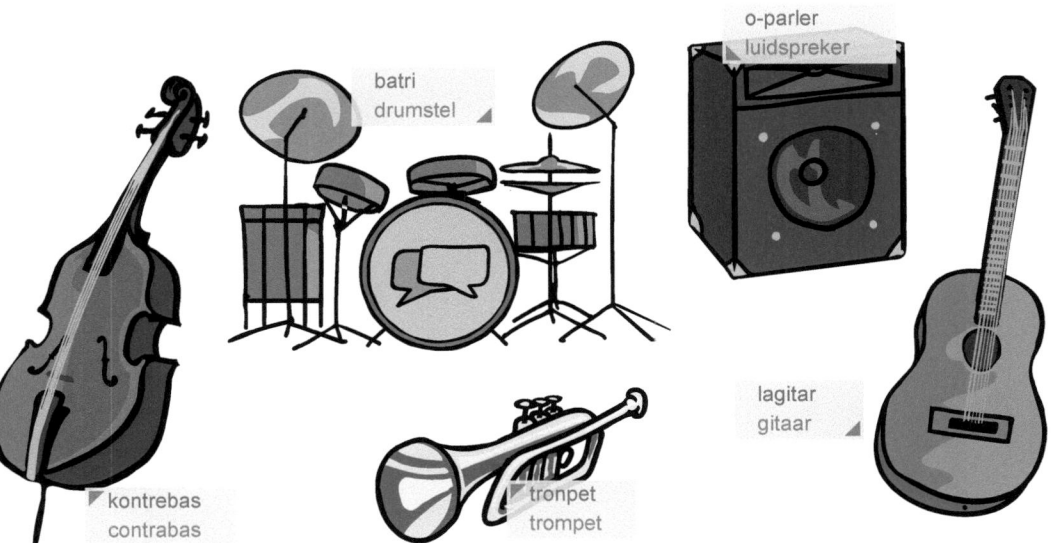

batri
drumstel

o-parler
luidspreker

lagitar
gitaar

kontrebas
contrabas

tronpet
trompet

piano

piano

violon

viool

bas

basgitaar

tinbal

pauk

tanbour

trommels

klavie

keyboard

saxofonn

saxofoon

laflit

fluit

mikro

microfoon

ZOO

ZOO

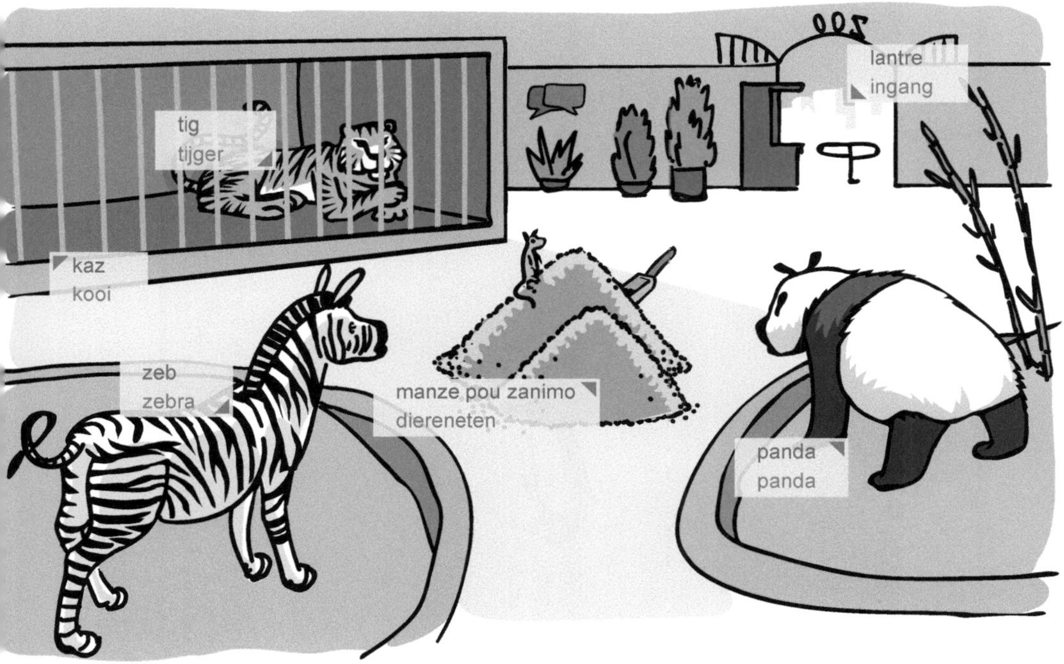
lantre
ingang
tig
tijger
kaz
kooi
zeb
zebra
manze pou zanimo
diereneten
panda
panda

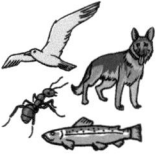

zanimo

dieren

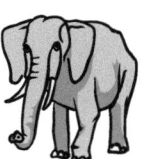

lelefan

olifant

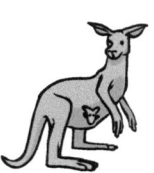

kangourou

kangoeroe

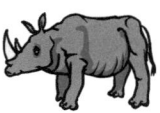

rinoceros

neushoorn

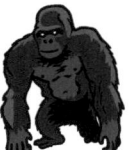

gori

gorilla

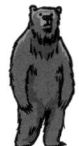

lours

beer

samo

kameel

lotris

struisvogel

lion

leeuw

zako

aap

flaman roz

flamingo

peroke

papegaai

lours poler

ijsbeer

pingwi

pinguïn

rekin

haai

pan

pauw

serpan

slang

krokodil

krokodil

gardien zoo

dierenverzorger

fok

zeehond

zagwar

jaguar

poney
pony

leopar
luipaard

ipopotam
nijlpaard

ziraf
giraffe

leg
adelaar

sangliye
wild zwijn

pwason
vis

torti
zeeschildpad

mors
walrus

renar
vos

gazel
gazelle

foutborl ameriken
rugby

siklism
wielrennen

tenis
tennis

basketball
basketbal

natasion
zwemmen

labox
boksen

oke lor gazon
ijshockey

foutborl
voetbal

badminton
badminton

atletism
atletiek

handball
handbal

ski
skiën

polo
polo

riye
lachen

sote
springen

maye
knuffelen

marse
wandelen

sante
zingen

reve
dromen

priye
bidden

anbrase
kussen

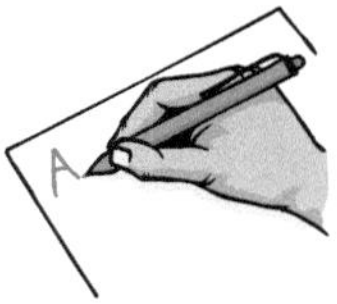

ekrir
schrijven

desine
tekenen

montre
tonen

pouse
duwen

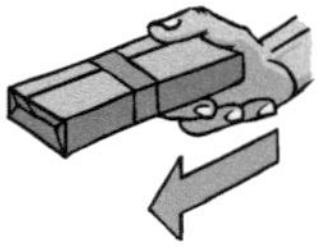

done
geven

pran
nemen

ena
hebben

fer
doen

ete
zijn

diboute
staan

galoupe
lopen

rise
trekken

zete
gooien

tonbe
vallen

alonze
liggen

atann
wachten

amene
dragen

asize
zitten

abiye
aankleden

dormi
slapen

leve
ontwaken

gete

kijken naar

plore

wenen

karese

aaien

pengne

kammen

koze

praten

konpran

begrijpen

dimande

vragen

ekoute

luisteren

bwar

drinken

manze

eten

netwaye

opruimen

kontan

houden van

kwi

koken

kondir

rijden

anvole

vliegen

fer lavwal

zeilen

kalkile

rekenen

lir

Lezen

aprann

leren

travay

werken

marye

trouwen

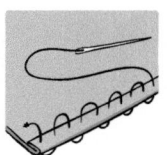

koud

naaien

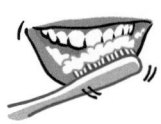

bros ledan

tandenpoetsen

touye

doden

fime

roken

avoye

sturen

fami
familie

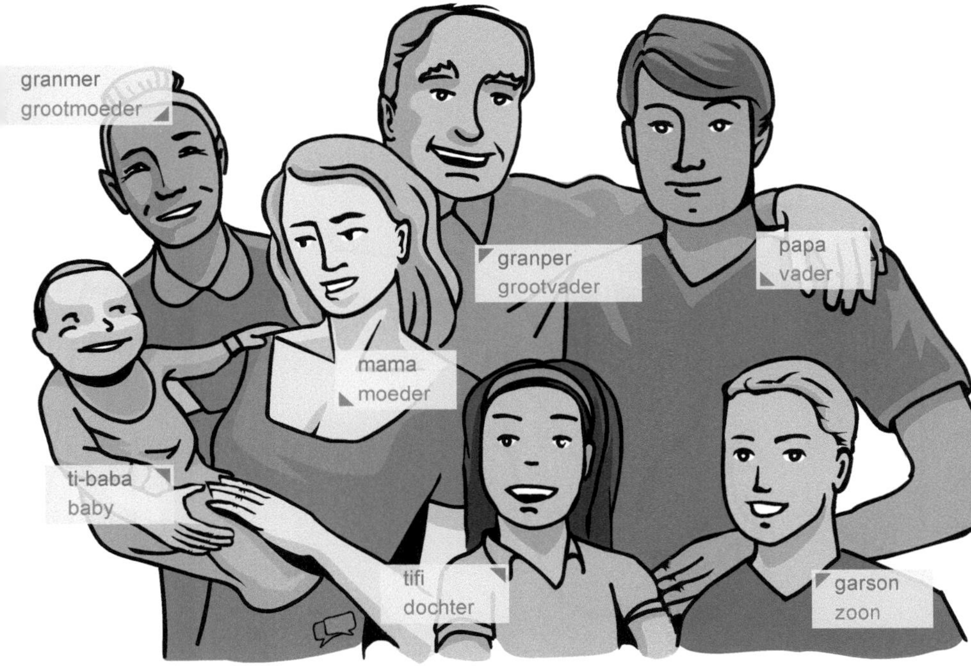
granmer
grootmoeder
granper
grootvader
papa
vader
mama
moeder
ti-baba
baby
tifi
dochter
garson
zoon

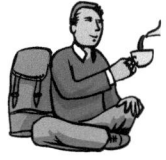

ot

gast

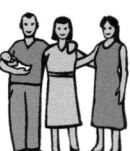

matant

tante

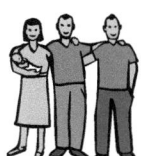

tonton

oom

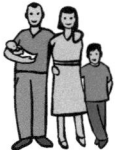

frer

broer

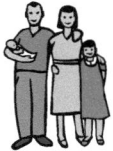

ser

zus

lekor

lichaam

fron
voorhoofd
lizie
oog
zepol
schouder
ledwa
vinger
figir
gezicht
manton
kin
lame
hand
lazam
been
tete
borst
lebra
arm

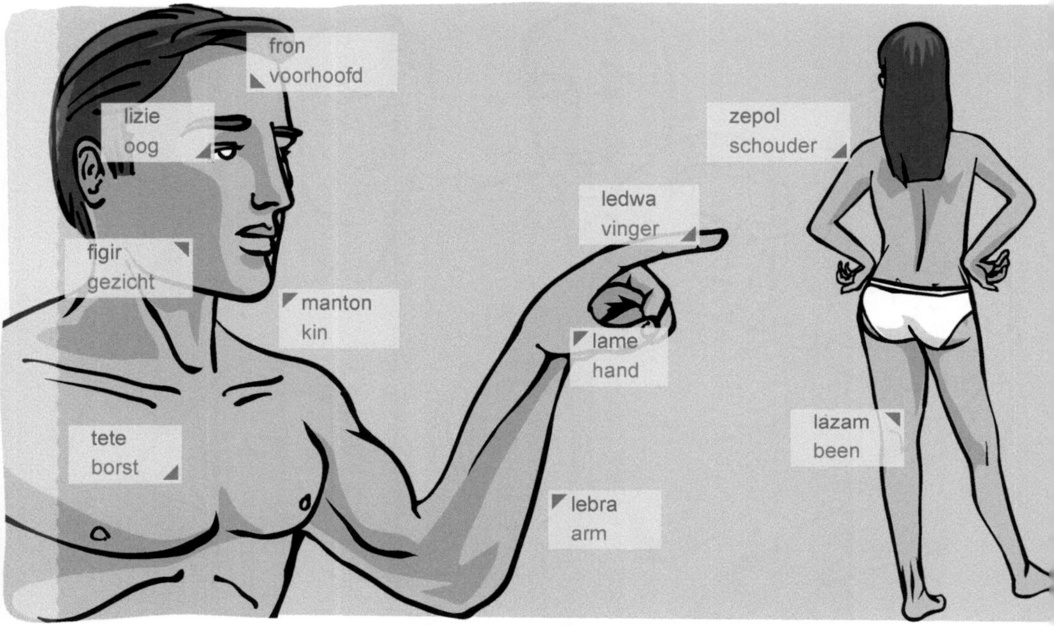

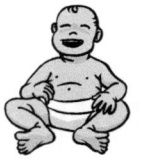

ti-baba

baby

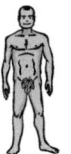

zom

man

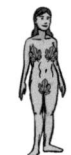

fam

vrouw

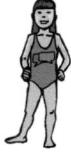

tifi

meisje

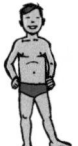

ti-garson

jongen

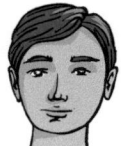

latet

hoofd

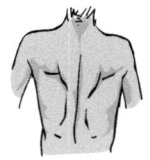

ledo

rug

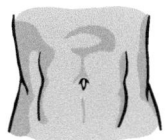

vant

buik

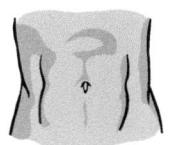

lonbri

navel

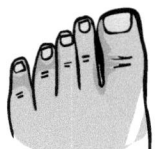

zortey

teen

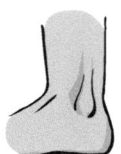

talon

hiel

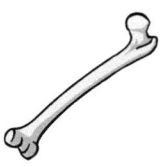

lezo

bot

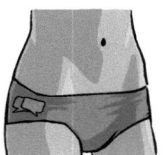

laans

heup

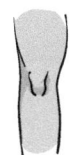

zenou

knie

koud

elleboog

nene

neus

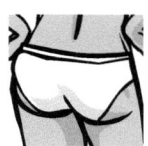

fes

zitvlak

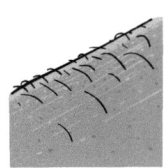

lapo

huid

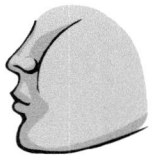

lazou

wang

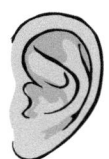

zorey

oor

lalev

lip

labous

mond

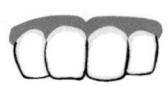

ledan

tand

lalang

tong

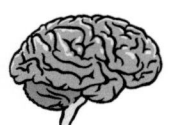

servo

hersenen

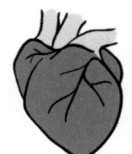

leker

hart

mix

spier

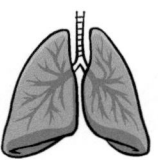

poumon

long

lefwa

lever

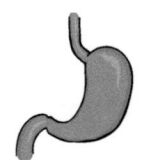

lestoma

maag

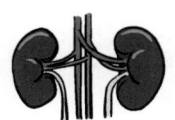

lerin

nieren

sex

seks

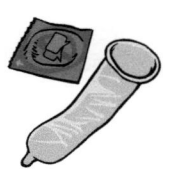

kapot

condoom

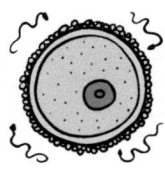

ovil

eicel

sperm

sperma

groses

zwangerschap

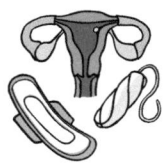

period
menstruatie

vazin
vagina

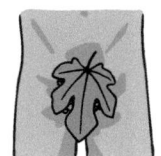

penis
penis

soursi
wenkbrauw

seve
haar

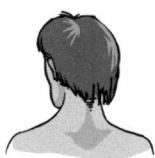

likou
nek

lopital
ziekenhuis

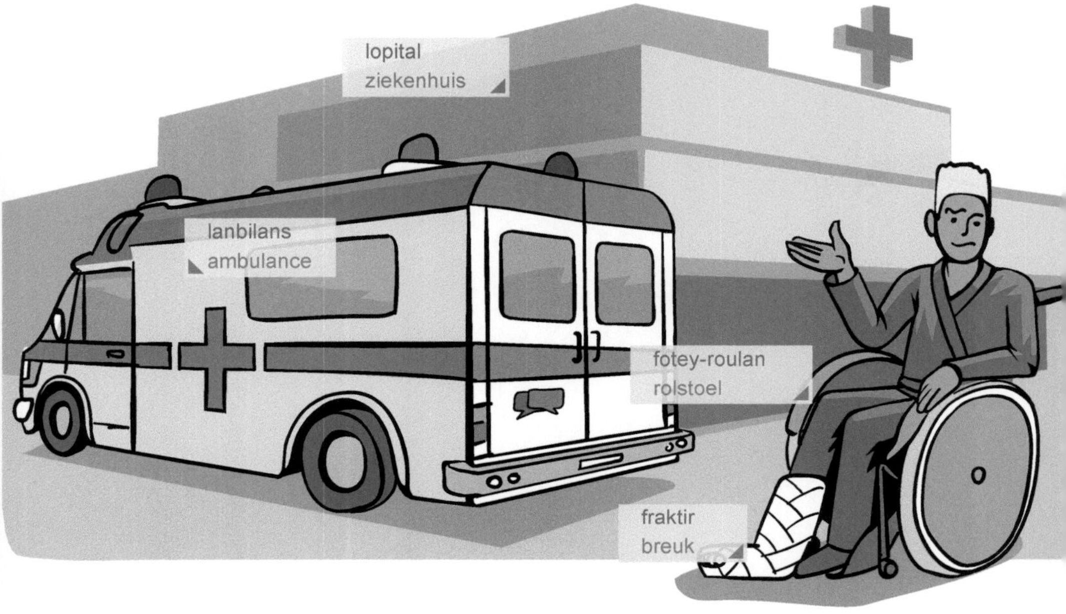

lopital
ziekenhuis
lanbilans
ambulance
fotey-roulan
rolstoel
fraktir
breuk

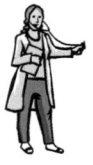

dokter

dokter

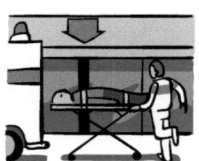

servis irzans

spoed

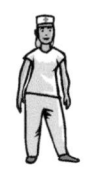

ners

verpleegkundige

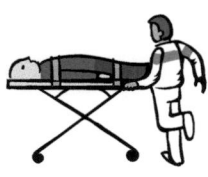

irzans

noodgeval

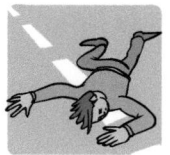

inkonsian

bewusteloos

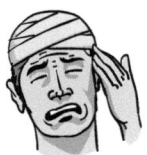

douler

pijn

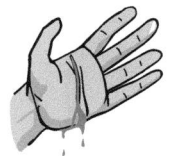

blesir

verwonding

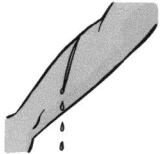

emorazi

bloeding

kriz kardiak

hartaanval

atak serebral

beroerte

alerzik

allergie

touse

hoest

lafiev

koorts

lagrip

griep

diare

diarree

malad latet

hoofdpijn

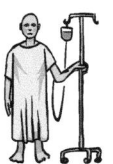

kanser

kanker

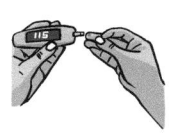

diabet

diabetes

sirirzien

chirurg

skalpel

scalpel

operasion

operatie

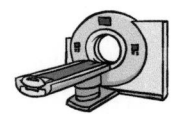

CT
CT

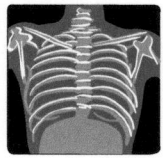

x-ray
röntgenstraal

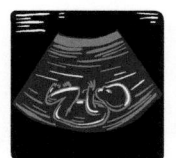

iltrason
ultrageluid

mask
gezichtsmasker

maladi
ziekte

sal-datant
wachtkamer

beki
kruk

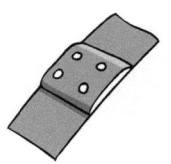

pansman
pleister

bandaz
verband

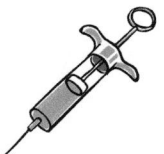

inzeksion
injectie

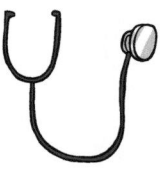

stetoskop
stethoscoop

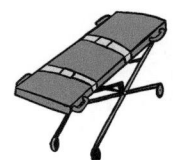

brankar
brancard

termomet
thermometer

nesans
geboorte

sirpwa
overgewicht

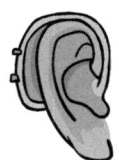

laparey oditif

hoorapparaat

dezinfektan

ontsmettingsmiddel

infeksion

infectie

viris

virus

HIV / SIDA

HIV / AIDS

medsinn

medicijn

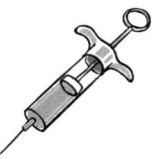

vaksinasion

vaccinatie

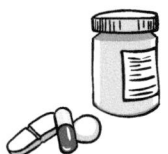

konprime

tabletten

pilil kontraseptif

pil

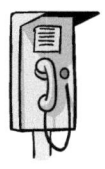

korl irzans

noodoproep

laparey tansion

bloeddrukmeter

malad / bien

ziek / gezond

o-sekour

Help!

alarm

alarm

atak

overval

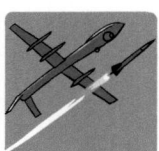

atak

aanval

danze

gevaar

sorti de sekour

nooduitgang

Dife!

Brand!

laponp dife

brandblusser

aksidan

ongeval

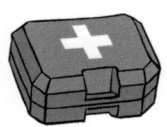

kit first aid

EHBO-kit

SOS

SOS

lapolis

politie

Ierop
....
Europa

Lamerik di nor
....
Noord-Amerika

Lamerik di sid
....
Zuid-Amerika

Iafrik
....
Afrika

Iazi
....
Azië

Iostrali
....
Australië

Iatlantik
....
Atlantische Oceaan

pasifik
....
Stille Oceaan

Iosean indien
....
Indische Oceaan

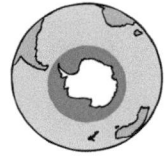

Iosean antartik
....
Antarctische Oceaan

Iosean artik
....
Arctische Oceaan

Pol Nor
....
Noordpool

Pol Sid
Zuidpool

lantartik
Antarctica

later
aarde

later
land

lamer
zee

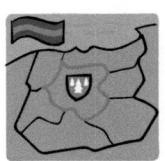

zil
eiland

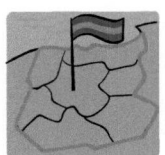

nasion
natie

leta
staat

kadran

wijzerplaat

zegwi ler

uurwijzer

zegwi minit

minuutwijzer

zegwi segonn

secondewijzer

ki ler la ?

Hoe laat is het?

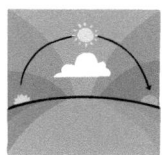

zour

dag

letan

tijd

aster-la

nu

mont dizital

digitale horloge

minit

minuut

ler

uur

lasemenn

week

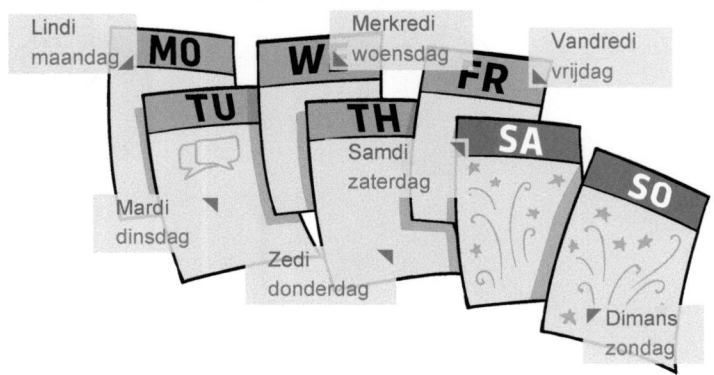

Lindi maandag
MO
Mardi dinsdag
TU
Merkredi woensdag
W
Zedi donderdag
TH
Vandredi vrijdag
FR
Samdi zaterdag
SA
Dimans zondag
SO

yer
....
gisteren

zordi
....
vandaag

demin
....
morgen

gramatin
....
ochtend

midi
....
middag

aswar
....
avond

zour travay
....
werkdagen

wikenn
....
weekend

lane
jaar

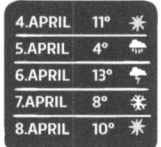

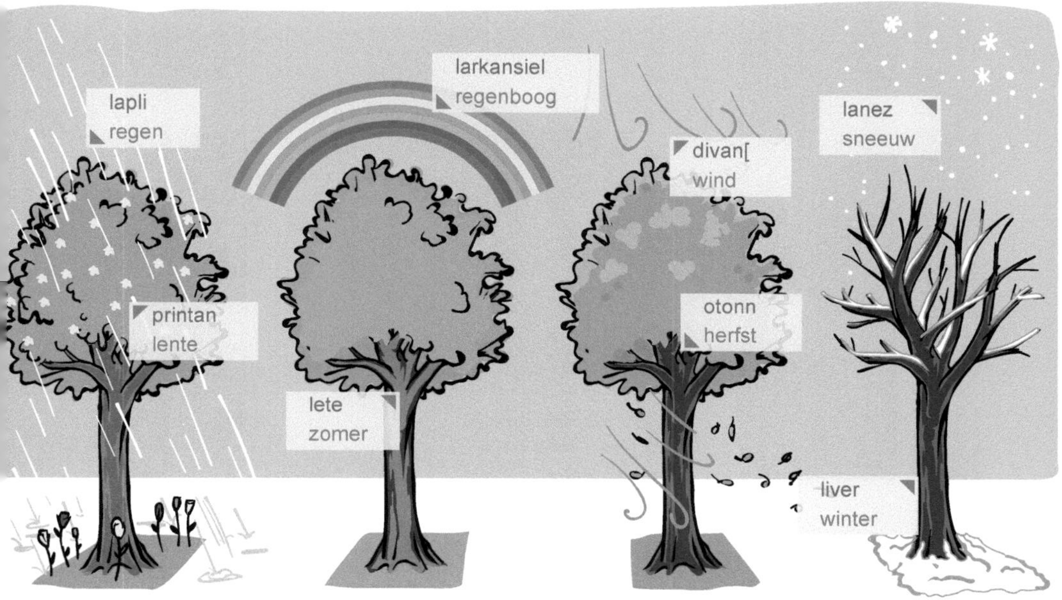
lapli
regen
larkansiel
regenboog
divan[
wind
lanez
sneeuw
printan
lente
lete
zomer
otonn
herfst
liver
winter

4.APRIL 11°
5.APRIL 4°
6.APRIL 13°
7.APRIL 8°
8.APRIL 10°

meteo

weervoorspelling

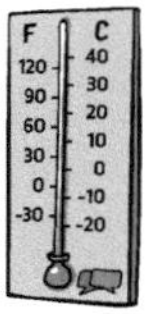
F C
120 40
90 30
60 20
30 10
0 0
-30 -10
-20

termomet

thermometer

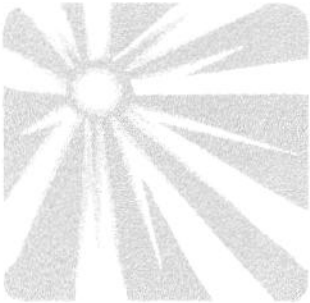

lalimier soley

zonneschijn

niaz

wolk

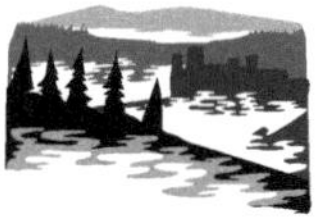

brouyar

mist

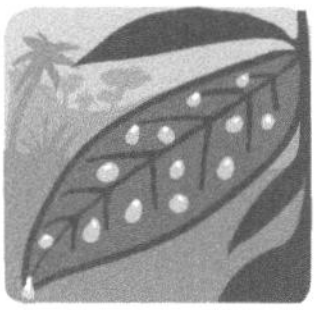

limidite

vochtigheid

lafoud
bliksem

toner
donder

tanpet
storm

lagrel
hagel

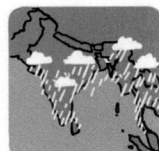

mouson
moesson

inondasion
overstroming

laglas
ijs

Zanvie
januari

Fevriye
februari

Mars
maart

Avril
april

Me
mei

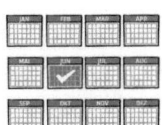

Zien
juni

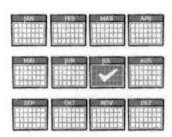

Zilie
juli

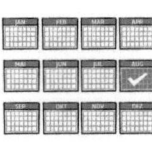

Out
augustus

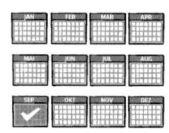

Septam

september

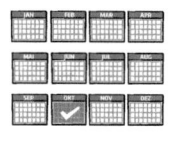

Oktob

oktober

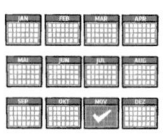

Novam

november

Desam

december

form

vormen

ron

cirkel

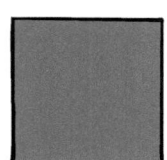

kare

kwadraat

rektang

rechthoek

triang

driehoek

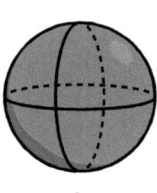

sfer

bol

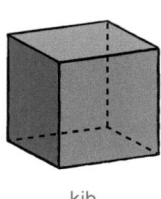

kib

kubus

blan

wit

zonn

geel

oranz

oranje

roz

roze

rouz

rood

mov

paars

ble

blauw

ver

groen

maron

bruin

gri

grijs

nwar

zwart

boukou / enn tigit

veel / weinig

ankoler / kalm

boos / kalm

zoli / vilin

mooi / lelijk

koumansman / lafin

begin / einde

gro / tipti

groot / klein

kler / obskirite

licht / donker

frer / ser

broer / zus

prop / sal

proper / vuil

konple / inkonple

volledig / onvolledig

lizour / lanwit

dag / nacht

vivan / mor

dood / levend

larz / sere

breed / smal

komestib / inkomestib

eetbaar / oneetbaar

move / bon

kwaadaardig / vriendelijk

exsite / agase

opgewonden / verveeld

gra / mins

dik / dun

premie / dernie

eerst / laatst

kamwad / lennmi

vriend / vijand

ranpli / vid

vol / leeg

dir / mou

hard / zacht

lour / leze

zwaar / licht

fin / swaf

honger / dorst

malad / bien

ziek / gezond

ilegal / legal

illegaal / legaal

intelizan / kouyon

intelligent / dom

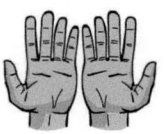

gos / drwat

links / rechts

pre / lwin

dichtbij / veraf

opozision - tegengestelden

nouvo / ize

nieuw / gebruikt

nanye / kiksoz

niets / iets

vie / zenn

oud / jong

demare / arete

aan / uit

ouver / ferme

open / dicht

trankil / for

stil / luid

ris / pov

rijk / arm

bon / move

juist / fout

brit / lis

ruw / glad

tris / zwaye

droevig / blij

kourt / long

kort / lang

lan / rapid

traag / snel

tranpe / sek

nat / droog

so / fre

warm / koud

lager / lape

oorlog / vrede

0	**1**	**2**
zero	enn	de
nul	één	twee

3	**4**	**5**
trwa	kat	sink
drie	vier	vijf

6	**7**	**8**
sis	set	wit
zes	zeven	acht

9	**10**	**11**
nef	distribiter biye	onz
negen	tien	elf

12

douz

twaalf

13

trez

dertien

14

katorz

veertien

15

kinz

vijftien

16

sez

zestien

17

diset

zeventien

18

dizwit

achtien

19

diznef

negentien

20

vin

twintig

100

san

honderd

1.000

mil

duizend

1.000.000

milyon

miljoen

Angle

Engels

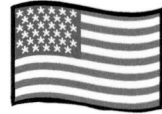

Angle Lamerik

Amerikaans Engels

Mandarin Sinwa

Chinees (Mandarijn)

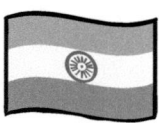

Hindi

Hindi

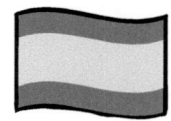

espagnol

Spaans

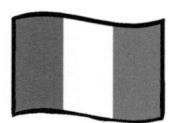

Franse

Frans

Arab

Arabisch

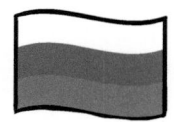

Ris

Russisch

Portige

Portugees

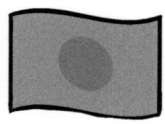

Bengali

Bengali

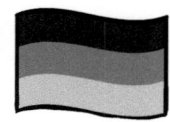

Alman

Duits

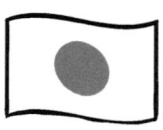

Zapone

Japans

mo

ik

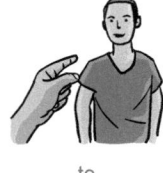

to

u

li

hij / zij / het

nou

wij

ou

u

zot

ze

kisana?

wie?

kiete?

wat?

kouma?

hoe?

kotsa?

waar?

kan?

wanneer?

nom

naam

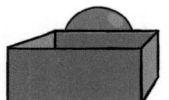

deryer
achter

dan
in

devan
voor

lor
boven

lor
op

anba
onder

akote
naast

ant
tussen

plas
plaats